Math **2** Kids

APRENDIENDO A SUMAR

De RODOLFO VILLICANA

www.math2kids.com

Una lección de Matemáticas que a través de un ingenioso cuento nos ayuda a enseñar a los niños el concepto de la suma y nos muestra una metodología muy eficaz para enseñar a sumar a niños pequeños.

Hoy la maestra Mily nos va a enseñar a sumar. Y todas las unidades estamos muy emocionadas.

6 7
13 14
20 21

Mily comenzó diciendo: " La suma se representa con el signo Más, el cual tiene la forma de una pequeña cruz ….

La suma es la operación matemática que junta el valor de 2 o más números para formar un número de mayor valor ..

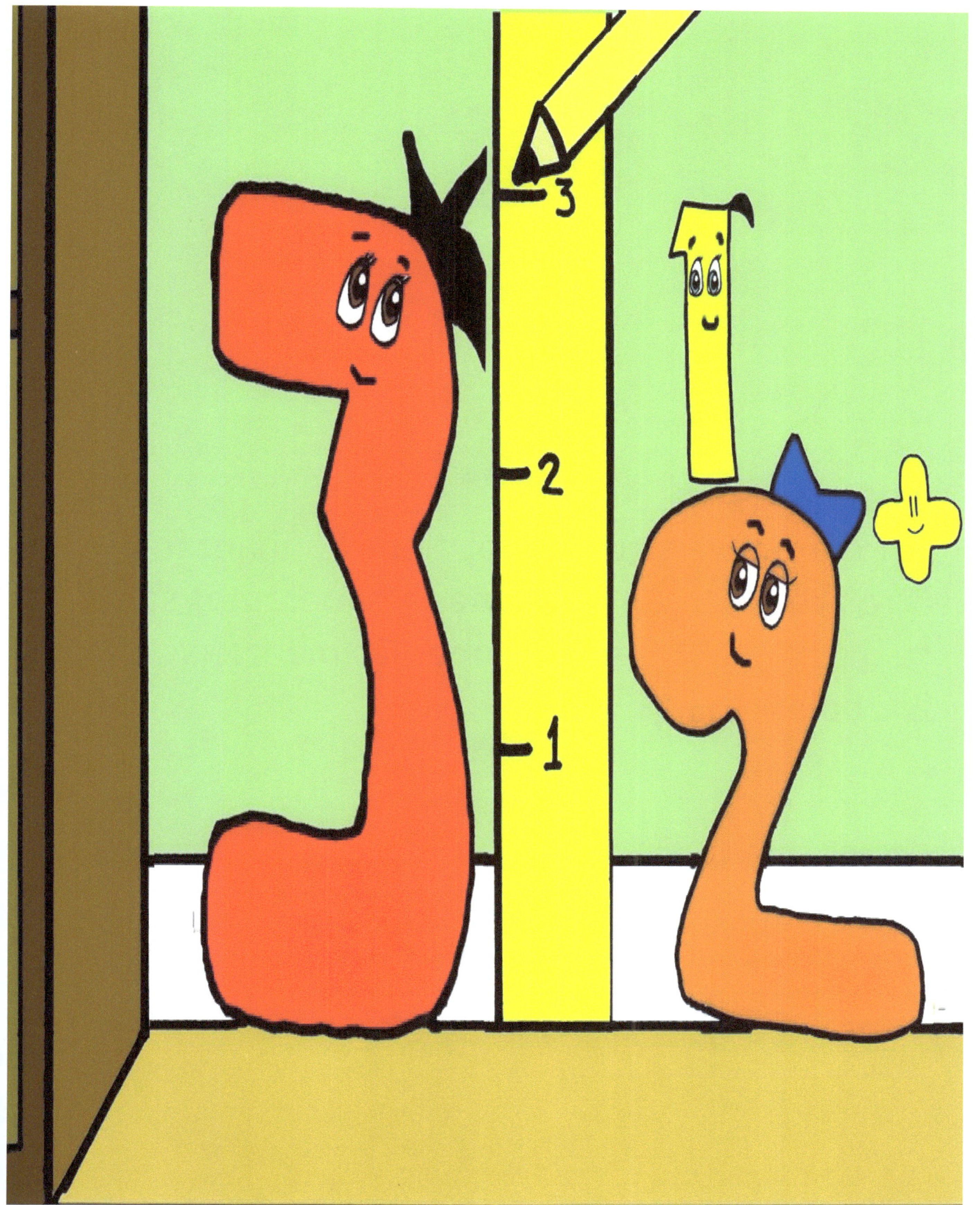

3
2
1

Por ejemplo : sí un árbol tiene 2 manzanas y otro árbol tiene 4 manzanas, y queremos saber cuál es el resultado de sumar las manzanas de los 2 árboles ......

entonces la suma juntará las manzanas de los 2 árboles y luego las contará y así sabrá cuántas manzanas hay en total .

$$2 + 4 = 6$$

6

Para enseñarnos a sumar la maestra nos dio a cada número unos palitos de madera. A cada número nos dio una cantidad de palitos igual a la cantidad que cada número representa.

 A mi, el número Uno, me dio solo un palito, al número Dos le dio 2 palitos, al número Tres le dio 3 palitos, al número Cuatro le dio 4 palitos, al número Cinco le dio 5 palitos, al número Seis le dio 6 palitos, al número Siete le dio 7 palitos, al número Ocho le dio 8 palitos y finalmente al número Nueve le dio 9 palitos.

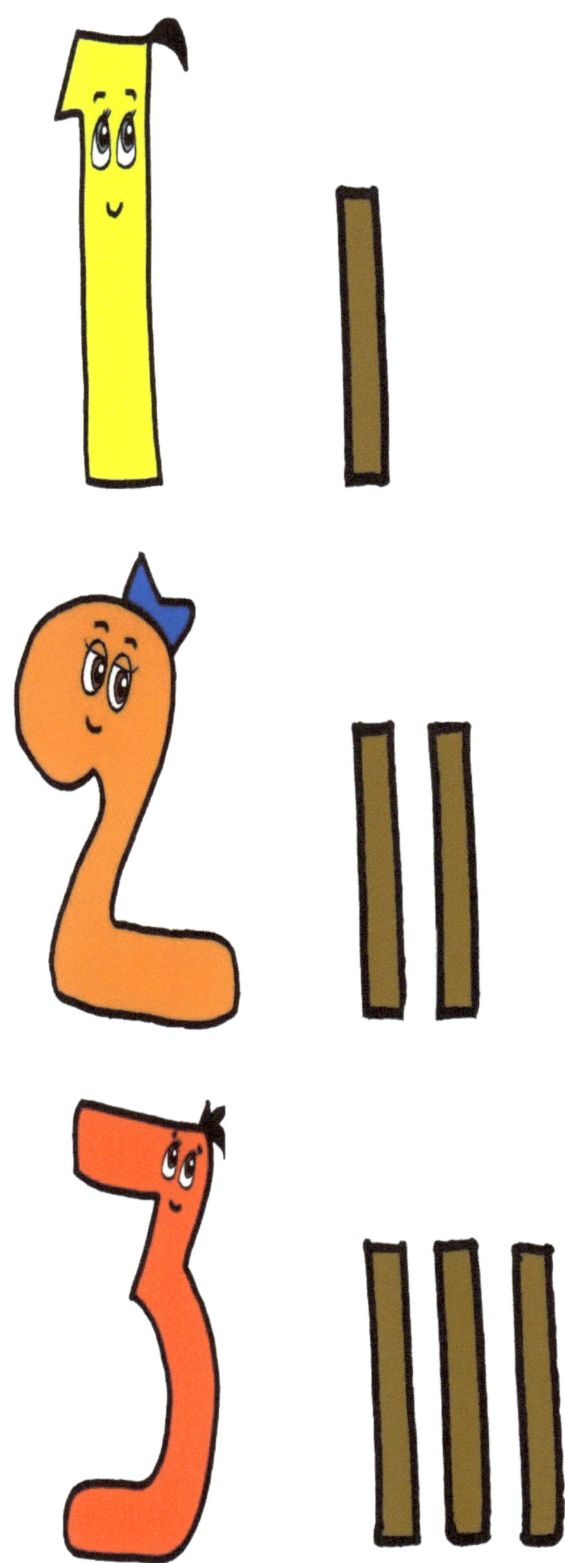

Luego la maestra nos dijo : " vamos a sumar tres más cuatro ". Y escribió en el pizarrón con números muy grandes esa suma:

$$3 + 4 =$$

3 + 4 =

Como sumar es igual que juntar, la maestra le dijo al número Tres que juntara sus palitos con los palitos del número Cuatro.

Luego nos dijo que contáramos en voz alta los palitos que juntos tenían el número Tres y el número Cuatro. Y todos empezamos a contar: " uno, dos, tres, ……..cuatro, cinco, seis y siete ".

¡Juntos son siete palitos , maestra !

uno dos tres
cuatro cinco seis siete

Entonces la maestra dijo: "sí sumamos o juntamos los palitos que tiene el número Tres, con los palitos que tiene el número Cuatro, juntos van a tener 7 palitos. Por lo tanto 7 es el resultado de esa suma o de esa unión."

$$3 + 4 = 7$$

"y escribimos el número 7 después del signo igual ".

Luego la maestra Mily nos dijo:

" sumen 6 + 2 " . Y el número Seis juntó sus palitos con los palitos del número Dos.

A continuación la maestra Mily nos dijo:
"Cuenten todos los palitos que tienen el
número Seis y el número Dos juntos ".
Todos empezamos a contar :
       "uno, dos, tres, cuatro, cinco, seis,
.......siete y ocho".

  ¡ Son ocho palitos, sí contamos todos
juntos !.

uno dos tres cuatro cinco seis
siete ocho

¡ Y son los mismos palitos que yo tengo, dijo el número Ocho !.
 " Así es ", dijo la maestra. " sí sumamos seis más dos, el resultado es igual a ocho ".

$$6 + 2 = 8$$

" Y escribimos un 8 después del signo igual ".

La maestra nos recogió todos los palitos que nos había dado. Luego nos pidió que sacáramos nuestra libreta de Matemáticas y un lápiz.   Y nos preguntó:

" ¿ Cuánto es 2 + 4 ? "

Todos los números le dijimos que ya no teníamos los palitos para contar.

Y la maestra sonriendo nos dijo: "pues cada quien dibuje al lado derecho de cada número los palitos que necesiten ".

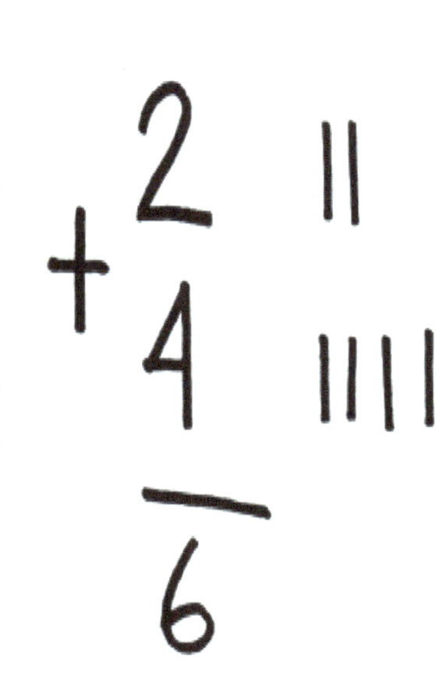

+ 2 ||
4 ||||
—
6

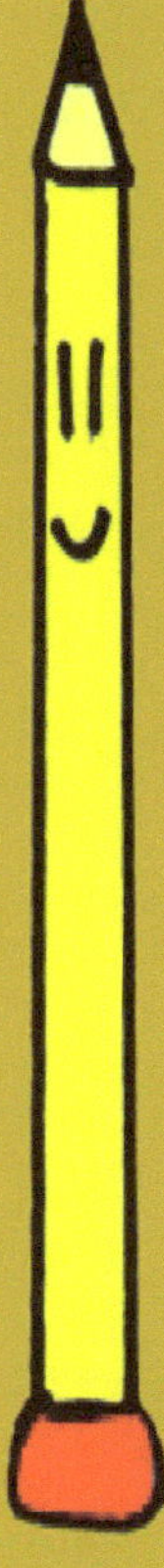

FIN

NIVEL DE LECTURA DE ESTE CUENTO
Cada niño aprende de diferente manera y a diferente velocidad

Lectura del cuento realizada por el maestro	K-1

Lectura compartida Lectura de palabras repetitivas y lenguaje básico	NA
Lectores principiantes Lectura realizada por el estudiante de oraciones sencillas con palabras familiares	NA
Lectura con ayuda: Lectura de oraciones largas y con poca ayuda	1
Lectura sin ayuda Lectura independiente y con oraciones y vocabulario mas complejo	1-2
Lector avanzado: Puede leer solo capiíulos completos	1-3

Otras Lecciones de Matemáticas de la colección de Math 2 kids

www.math2kids.com

1.- Uno
2.- Luna llena
3.- Los 3 amigos
4.- Los 3 amigos brincan en la cama
5.- Los colores de la granja
6.- Los 3 amigos y el feroz borrador
7.- Los 3 amigos van a pescar
8.- La tropa
9.- Los 5 exploradores
10.- Vamos al parque de diversiones
11.- El primer día de escuela
12.- ¿ Y dónde está el hamster ?
13.- Los números van en orden
14.- El orden es importante
15.- ¿ Cómo se escribe mi nombre ?
16.- El día de tomarse la foto.
17.- Gráfica de barras
18.- El cumpleaños del número Uno
19.- Patrones de colores
20.- Nuestro amigo el Cero
21.- El mundo de las figuras
22.- El círculo es importante
23.- Invitemos a jugar a las figuras
24.- Un desfile de figuras
25.- Un mundo de colores
26.- Dibujando con figuras
27.- La Cerocienta
28.- El uno que es una decena
29.- Un viaje al país de las decenas
30.- El día 100 de la escuela
31.- Clasificando alimentos
32.- 1, 5, 10 y 25 centavos
33.- Los números juegan al reloj
34.- Más y Menos
35.- El signo Igual
36.- Apreniendo a sumar
37.- Sumando es mejor
38.- Mayor y menor que
39.- Nones contra pares
40.- Medidas
41.- Jugando a medir
42.- La fiesta de disfraces

43.- Los números van de paseo
44.- Para cambiar el autobús
45.- Jugando con el domino
46.- Jugando a la tiendita
47.- Dieznieves y los 7 enanos
48.- Cuando eran más altos
49.- Los 3 deseos de Pedro
50.- Un cuento de números
51.- El valor según su posición
52.- El poder del número 10
53.- Tabla mágica
54.- Los números romanos
55.- Dosperucita Roja
56.- Una carrera para contar
57.- La historia del calendario
58.- Las estaciones del año
59.- Como usar el calendario
60.- La historia del reloj
61.- El Cinco aprende a multiplicar
62.- Aprendiendo a usar el reloj
63.- ¿ Cómo se inventó el dinero ?
64.- Un centavo muy trabajador
65.- Un regalo inesperado
66.- Aprende a dividir de una manera
     divertida en una semana
67.- Multiplicando con manipulativos
68.- Cuento para multiplicar
69.- ¿ Y qué es el perímetro ?
70.- Fué un cuento medir ese terreno
71.- Cómo calcular cualquier área
72.- Un pastel para Milly
73.- El diagrama de Venn
74.- Las coordenadas de un cuento
75.- Las fracciones de un cuento
76.- Mitades, cuartos y octavos
77.- Sumando fracciones
78.- Un viaje inesperado
79.- El día que ganamos la lotería
80.- Es un juego de probabilidades
81.- Cómo multiplicar sí no te sabes las
     tablas de multiplicar.
82.- ¿ Y que operción tengo que usar ?

Nuevas Lecciones de Matemáticas en Amazon

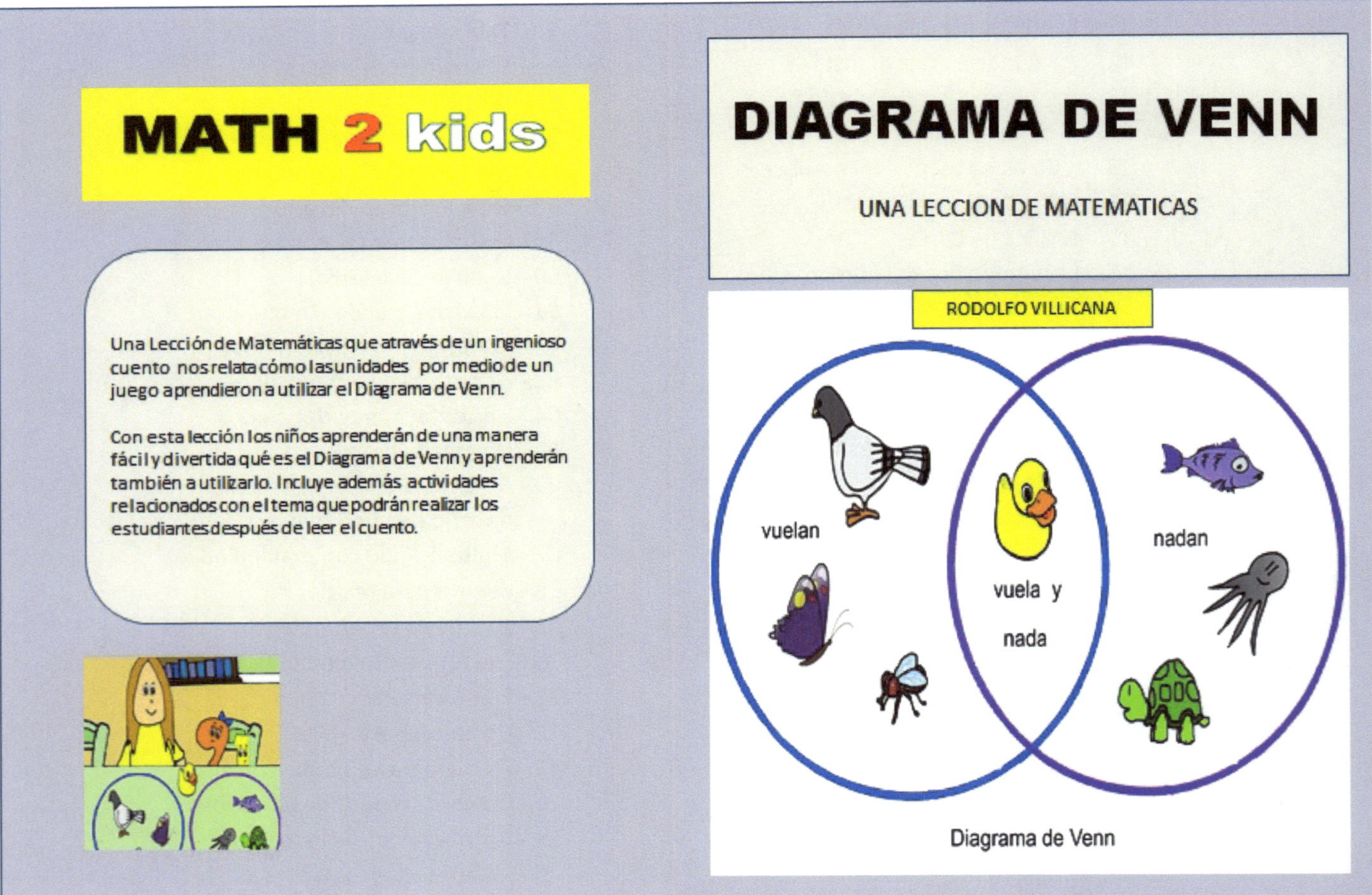